boos boos boos!

Elle van Lieshout & Erik van Os
met tekeningen van Hugo van Look

sterretjes

BIBLIOTHEE<·BREDA
Centrale Bibliotheek
Molenstraat 6
4811 GS Breda

D1146323

Zwijsen

ik ben moos.
ik vis in een meer.

oo nee.
oo nee, een vin.
oo nee, een vis.
een vis met pit!

2

ik ben moos.
en ik ben boos!

een pet ?

een pet!
is een pet een boot?

ik vaar in een pet.
ik vaar!
maar ...
is een pet een boot?

4

nee!
een pet is een pet.

en ik?
ik ben moos.
en ik ben boos boos!

een noot?

een noot!
is een noot een boot?

ik meet en ik boor.

ik vaar in een noot.
ik vaar!
maar ...
is een noot een boot?

6

nee nee!
een noot is een noot.

en ik?
ik ben moos.
en ik ben **boos boos boos!**

een vis?

een vis!
is een vis een boot?

ik vaar met een vis.
ik vaar!
maar ...
is een vis een boot?

8

nee nee nee!
een vis is een vis.

en ik?
ik ben moos.
en ik ben
boos
boos
boos
boos!

een boom!
een boom is een boot!

ik meet en ik boor.

ik vaar in een boom.
ik vaar!
maar ...

10

oo nee!
oo nee, een vin!
oo nee, een vis!

mis vis!
vis is boos.
boos boos boos **boos boos!**

en moos?

11

sterretjes bij kern 3 van Veilig leren lezen

na 7 weken leesonderwijs

1. ik eet een teen
Wouter Kersbergen en Jan Van Lierde

2. boos boos boos!
Elle van Lieshout & Erik van Os en Hugo van Look

3. een roos voor mees
Helen van Vliet